中国文化
知识读本

ZHONGGUO WENHUA ZHISHI DUBEN

土
族

金开诚◎主编

蒋肖云◎编著

吉林出版集团有限责任公司
吉林文史出版社

图书在版编目（CIP）数据

土族/蒋肖云编著. —— 长春：
吉林出版集团有限责任公司：吉林文史出版社，2010.3
（2018.1重印）（中国文化知识读本）
ISBN 978-7-5463-2662-7

Ⅰ.①土… Ⅱ.①蒋… Ⅲ.①土族－民族文化－中国
Ⅳ.①K283.1

中国版本图书馆CIP数据核字（2010）第045865号

土　族

TUZU

主编/ 金开诚 编著/蒋肖云
项目负责/崔博华 责任编辑/曹恒 于涉
责任校对/钟 杉 装帧设计/曹恒
出版发行/吉林文史出版社 吉林出版集团有限责任公司
地址/长春市人民大街4646号 邮编/130021
电话/0431-86037503 传真/0431-86037589
印刷/北京龙跃印务有限公司
版次/2010年3月第1版 2018年1月第2次印刷
开本/650mm×960mm 1/16
印张/9 字数/30千
书号/ISBN 978-7-5463-2662-7
定价/34.80元

关于《中国文化知识读本》

文化是一种社会现象，是人类物质文明和精神文明有机融合的产物；同时又是一种历史现象，是社会的历史沉积。当今世界，随着经济全球化进程的加快，人们也越来越重视本民族的文化。我们只有加强对本民族文化的继承和创新，才能更好地弘扬民族精神，增强民族凝聚力。历史经验告诉我们，任何一个民族要想屹立于世界民族之林，必须具有自尊、自信、自强的民族意识。文化是维系一个民族生存和发展的强大动力。一个民族的存在依赖文化，文化的解体就是一个民族的消亡。

随着我国综合国力的日益强大，广大民众对重塑民族自尊心和自豪感的愿望日益迫切。作为民族大家庭中的一员，将源远流长、博大精深的中国文化继承并传播给广大群众，特别是青年一代，是我们出版人义不容辞的责任。

《中国文化知识读本》是由吉林出版集团有限责任公司和吉林文史出版社组织国内知名专家学者编写的一套旨在传播中华五千年优秀传统文化，提高全民文化修养的大型知识读本。该书在深入挖掘和整理中华优秀传统文化成果的同时，结合社会发展，注入了时代精神。书中优美生动的文字、简明通俗的语言、图文并茂的形式，把中国文化中的物态文化、制度文化、行为文化、精神文化等知识要点全面展示给读者。点点滴滴的文化知识仿佛颗颗繁星，组成了灿烂辉煌的中国文化的天穹。

希望本书能为弘扬中华五千年优秀传统文化、增强各民族团结、构建社会主义和谐社会尽一份绵薄之力，也坚信我们的中华民族一定能够早日实现伟大复兴！

【目录】

一 祁连山下的彩虹故乡

祁连山脉

祁连山脚下

　　土族是祖国大家庭里人口较少的民族之一，根据 2000 年第五次全国人口普查的数据，土族人口是 241198 人。其中 85% 左右的土族住在青海境内，主要住在青海省互助土族自治县、民和县、大通县、同仁县等地；还有一部分居住于甘肃省天祝藏族自治县、肃南裕固族自治县、兰州市永登县等地。

　　像大多数民族一样，土族也不是一开始就称为"土族"的。过去土族多自称"土昆"（意即土人，吐浑音转）"土人"，互助、大通、天祝一带的土族还自称"蒙古尔"（蒙古人）、"察罕蒙古"（白蒙古）。汉、回等民族称之"土人""土民""土户家",附近藏族则称土族为"霍尔"。直到中华人民共和国成立后,才依据本民族意愿,统一称为土族。

别看土族形成时间晚,人口也少,却有着自己的民族语言和新试用的民族文字。土族语属阿尔泰语系蒙古语族,由于历史的原因,土族语中有60%的蒙古语词汇。还由于土族长期与藏、汉等民族交错居住,土族语深受藏语、汉语的影响,比如它的亲属称谓一般采用汉语词汇,与宗教有关的名词则基本上采用藏语。今天的土族语,被划分为互助、民和和同仁三大方言区,各方言区的语言差别都不大,只是语音上稍稍

青海风光

祁连山下的彩虹故乡

003

祁连山脚下盛开的油菜花

有点差异。至于文字，土族原来并没有本民族的文字，都是使用邻近民族文字，比如汉文和藏文等。1979 年，青海省有关部门制定了以拉丁字母为基础的土族拼音文字，即《土文方案(草案)》，土族才结束了没有文字的历史。

土族从过去走到今天，经历了一段坎坷的历史。元朝时，土族地区归元廷封授的土官管辖。明朝统治者继承元朝"封

祁连山脚下平原景观

土司民"的政策，对他们"待之以礼、授之以官"，实行汉官与土官（土司）参治。此后，明王朝在西北地区的主要军事活动，几乎都有土司率部参加。土族士兵骁勇善战，屡立战功，是西北边防军的主力，这种情况一直延续到清乾隆以前。清灭明后，土族地区的各土司先后率部归附清朝，清承明制，仍实行土司制度，土司拥有很大的权力。清代自

巍峨壮美的祁连山

雍正、乾隆以后，土司权力有所削弱。到了清末，土司已处于名存实亡的境地。明、清时期，藏传佛教格鲁派传入土族地区后，青海互助土族地区出现了一种与封建土司制度并存的土官制度，这是西藏地方政教合一制度在青海互助土族地区的延续和发展。辛亥革命以后，除少部分地区外，大部分土族地区由马家军阀所统治。土族人民受尽了反动军阀和封建土司的残酷压迫与剥削，奋起反抗。直到1949年，土族地区得到解放，土族人民才真正摆脱了压迫与剥削。1954年，青海互助土族自治区成立，1955年改为自治县。

二 众说纷纭的土族族源

别具一格的土族建筑

　　说起土族的族源，就好比那纠缠在一起的线团一样——剪不断，理还乱。到现在为止，学术界对于土族族源至少有五种以上的说法。其中，吐谷浑说以及蒙古人说或以蒙古人为主说是主要的两种说法。这两者中，又数吐谷浑说较为人们认可。

　　吐谷浑说认为土族主要是鲜卑支系吐谷浑人的后裔，土族就是以吐谷浑人为主体，在不同时期不断吸收其他民族成分形成的人们共同体。吐谷浑，原来是辽东鲜卑慕容氏部落首领的儿子，据历史记载，公元 3 世纪末的时候，鲜卑慕容氏部落内部产生了矛盾，吐谷浑带领他

青石板铺设的台阶和甬道

的部众经过几度迁移到了今天甘肃南部和青海东部地区，建立了吐谷浑国。后来,吐谷浑国被吐蕃吞并。吐谷浑亡国后,投降于吐蕃的吐谷浑人后来融合进了藏族,往东迁移的吐谷浑人则融进了汉族,还有一部分吐谷浑人仍然留在青海东部,成为土(吐)族先民。土族是以这部分吐谷浑人为主体,在长期的发展过程中吸收了藏、汉、蒙古等民族的成分而形成的。

人们这么说也是不无证据的,其中的一个就是,唐朝中期以后,吐谷浑称为"吐浑",在蒙古语里,"浑"是"人"的意思, 元朝时, 汉文史籍中还出现了

"土人"的记载。所以学者们推测"吐浑"就是"土人","土人"就是后来的土族，因为过去土族多自称"土昆"（意即土人，吐浑音转）。还有一个证据就是，藏族称土族为"霍尔"，而"霍尔"已经被学者们根据一些藏文文献证实了是吐蕃对吐谷浑人的专称，这样一来，土族的族源又与吐谷浑有了联系。

关于土族的族源的另一个说法也有相当一部分人赞同，那就是即蒙古人说或以蒙古人为主说。这个说法主要认为土族是蒙古人的后裔。过去的土族人曾经把格日利特当做本民族的祖先来崇拜。格日利特是成吉思汗部将，互助县一

简洁大方的土族民居

部分土族人认为蒙古族人是他们的祖先

带广泛流传着一个关于他的传说。传说中,格日利特当年曾带领部众驻留在今天的互助县一带,他的部众与当地霍尔人通婚逐渐繁衍成为今天的土族。因此有些土族就认为蒙古人是他们的祖先,或者蒙古人是土族的主要来源。他们还提供了几个比较有说服力的说法,他们认为土族语言属于阿尔泰语系蒙古语族,土族语中保留了60%左右的蒙古语汇,还有现代土语在语言的内部特征方面和十三四世纪的蒙古语很接近。此外土族如饮食、服饰、婚丧嫁娶、信仰、禁忌等许多习俗都与蒙古人的习俗相似。总之,归根到底这种说法就是认定土族

吐谷浑说逐渐被众人接受

是蒙古人的后裔。

　　真是公说公有理，婆说婆有理。不过，目前，随着吐谷浑说被越来越多的人接受，人们的认识渐趋统一：土族是以历史上的吐谷浑人为主体，在以后发展过程中吸收了部分羌、藏、蒙古、汉等民族成分形成的新的民族共同体。

三 风情浓厚的日常生活

土族面食

（一）土族饮食

　　土族也曾经是驰骋于草原上的马背民族，他们主要从事畜牧业，因此饮食上以肉和乳品为主。元明以后，土族渐渐由畜牧业转向了农业经济，饮食上有了相应的改变，开始以青稞、小麦、土豆为主了，但是喜欢喝奶茶，爱吃手把肉和酥油炒面等畜牧业时代的饮食特征保留了下来，至今仍在流行。土族还保留了畜牧业时代养羊爱羊，忌食马、骡、驴、狗、猫等动物的肉的习俗。

　　土族日常的主食以青稞为主，小麦次之。蔬菜较少，主要有萝卜、白菜、葱、蒜、莴笋等十余种，平日多吃酸菜，辅以肉食。爱饮奶茶，吃酥油炒面。喜庆节日，必做各种花样的油炸食品和手抓大肉（猪肉）、手抓羊肉。"手抓大肉"是土族赶上隆重的节日或者招待贵客的时候，常吃的一种肉食，也叫"麻哈方子"。实际上就是肉方、肉块，一般都是切一块约二至五公斤的整块猪肉，不加任何作料，上插一把五寸刀，让客人自己动手割食，因此人们又习惯地称其为手抓大肉。

　　土族一般习惯于日食三餐，早餐比较简单，多以酥油茶、煮洋芋或糌粑蘸盐而食；午餐比较丰富，有饭有菜，以蒸馍、馒头、花卷、包子等为主食,有煎、炒洋芋和青菜、萝卜汤或粥佐食。菜肴比较清淡,与北方汉族饮食习惯基本一致;晚餐多以各种面食为主,如面条、面片、面疙瘩、面糊。面条、面片、面疙瘩都喜用拉制。晚餐菜肴比较丰盛,有各种肉类,与各种蔬菜块块、块丝同煮面的汤,汤菜主食共烩而食。

土族民间有不少以当地土特产为原配料制作的食品,常见的有"沓呼日"(一种馍),米面团子,麦思如(一种粥),米面窝窝,"油花"(一种油炸的面食)、"海流"(油炒面)、"哈力海"(一种用荨麻制作的食品)、"烧麦"(油炒面包子)。

洋芋蘸盐

擀长面
土族特色面食

不同的节日，土族面食和饭就有不同的花样。比如春节的时候，主要面食之一就是油炸馍（土族语叫"普什作"）。油炸馍是把发面调和揉匀后揉成弧形长条，再在表面抹上油后切成一厘米左右薄的面条，每五个一组，中间把面条均匀掰开，两头捏在一起，放到油锅里炸熟便可，这种油炸出来的油炸馍形状美观、颜色澄黄，让人一看就忍不住流口水。中秋节的时候则吃自己制作的月饼。农历十月一日，还要做一种以油炒面为馅，封口左右捏合成鱼形的名叫扁食的食物。

土族人饮食最为讲究的是婚宴五道饭，第一道是酥油奶茶、馄锅馍及花卷，

土族的酒

第二道为果子、油炸馓子、牛肋巴、炒油茶；第三道是油包子、糖包子、油面包子；第四道手把肉；第五道是擀长面，颇有特色。

土族喜欢饮酒，他们认为"无酒不成礼，无酒不成事，无酒不成交"。所以土族人常以酒来表达自己高兴、幸福的情感，表达自己对好友亲朋的敬重之情，这充分体现了土族人十分偏爱饮酒的饮食民俗文化。酒对土族人来说不仅是婚礼上少不了的饮品，更是平日里他们表达热情好客之情的最佳饮品。以前，土族人家喜饮用青稞酿成的酩馏酒，酩馏酒度数较低，清醇绵软，馨香可口，几乎家家都能自酿。现在，酿酒业成为了土族重要的产业之一，他们生产的互助牌系列青稞酒非常有名，还有互助白酒，如互助头曲、互助特曲、互助大曲、青稞液等。

另外，茶对于土族人来说，是除了酒之外的又一重要饮品，土族人与当地藏族一样，平日爱喝茯茶，或是以牛奶熬

色泽橙黄的青稞酒

青稞酒

成鲜口的奶茶。茶不仅是平日里自家的饮品，还用来招待客人。这在婚礼歌中也多有反映，如第七场上马启程《罗目托勒》中唱道："一包清香的茯茶表象征，手拿着茯茶叫上你一声，当你返回到娘家的时候，百封茯茶的头封你享受。"在这里，茯茶不仅作为一种饮食，更作为一种寄情物表达了娘家人对新娘的不舍与关爱。

土族也很讲究饮食卫生。吃饭时每人都有固定的饭碗、筷子，请客吃饭也是每人一份。

(二) 土族服饰

时光的流逝使得生活在不同地区

土族精美的刺绣服饰

的土族在服饰上已呈现出了不同的形态,但无论是哪一个地区的土族服饰,基本特色仍然保持一致,重视服饰的设计和制作,款式端庄与颜色华丽仍然是土族服饰的重要特点。

从总体上看,土族服饰带有蒙古服饰的特点,同时还体现了畜牧与农耕文化的特点,具有独特的民族风格。土族青年男子一般穿小领、斜襟的长袍,长袍的袖口镶黑边,胸前还镶有一块四寸见方的彩色图案。土族的男子还穿绣花高领的白色短褂,外套黑色或紫红色的坎肩,腰系绣花长带。他们的裤子是黑色或者蓝色的大裆裤,系两头绣花的长裤带和花围肚。脚穿长筒花云子鞋，或者穿布袜、嵌鞋，小腿上还要扎上黑下白的绑腿带，俗话称作"黑虎下山"。据说，青年男女常用此作为爱情的信物，表示对爱情忠贞不贰。青年男子头上还戴帽子，常见的有翻沿高顶缨子帽和"鹰嘴啄食"。缨子帽据说是由清朝的朝帽演变而来的，因为它的顶上有一绺红缨而得名。"鹰嘴啄食"则是一种卷檐镶边的毡帽，后檐向上翻，前檐向前展开，样子好像鹰在啄食，所以人们称之为"鹰嘴啄食"。老人的服饰则一般是头戴黑色卷边毡帽，穿小领斜襟长袍，外套黑色坎肩，系黑色腰带，脚穿白袜黑鞋。

土族服饰

风情浓厚的日常生活

历来都是妇女的服饰更多彩多样，土族妇女的服饰也不例外。土族妇女服饰五彩缤纷，复杂多变。妇女通常穿绣花小领斜襟长衫，两袖由红、黄、蓝、紫、黑五色彩布做成，颜色鲜艳，样式美观大方，它有一个美丽的土族语名字——"绣苏"，也就是"花袖衫"的意思，俗称"七彩袖"，非常富有民族特色。长衫上面还套有黑色、紫红色或蓝色等镶边坎肩，腰系彩带，彩带两头绣有花、鸟、蜂、蝶、彩云、几何图形等刺绣或盘线的花纹图案。腰带左侧通常还系有小铃铛。下身穿镶白边的绯红百褶裙或者裤子。裤筒边沿为蓝白色夹缝，裤子膝下部分套黑色或蓝

身着民族盛装的土族姑娘

土族姑娘和土族小伙载歌载舞

色的裤筒，土语叫"贴弯"，脚穿绣花鞋。平时戴着镶边的毡帽，前后檐均向上翻。

不同年龄的土族女性发式和服饰也不尽相同。发式上有"少配头，老配梢"的说法，未婚的姑娘习惯以两鬓梳小辫子，中间梳一条大辫子，三条辫子合编在后面，用绯红头绳扎紧，系一海螺圆椭。妇女一般都把头发梳成两根长辫子，末梢相连垂在背后，还要拴上黑色或红色的丝绒或丝穗，然后再戴上彩色的圆形织锦绒毡帽。服饰上，"贴弯"的颜色，未婚姑娘为大红色，已婚妇女为黑色，40岁以上的妇女不再用了。衣

土族姑娘的衣服色彩鲜艳，美丽大方

服上，未婚的姑娘一般都穿的是花袖短衫，套着大红色"贴弯"的筒裤；结婚不久的新媳妇身穿花袖长衫，腰系大包盘绣，头戴礼帽，礼帽上插花；结婚时间长一些的妇女服饰与新媳妇差不多，只是礼帽上不插花；40岁以上的妇女穿的袖衫基本上是一种颜色；老年妇女不穿五彩花袖衫，不系绣花彩带，穿一身黑色的衣服，戴黑色礼帽。

土族的妇女还喜欢戴耳坠、耳环和项圈。

妇女所戴的耳环常用金、银、铜做成，上面刻着花纹或者镶绿宝石，红珊瑚等，下面还带五色珠子，珠子下还要缀穗子，珠子和穗子的数目有时候还很讲究，

土族妇女服饰以五彩花袖衫最具代表性

讲究"上七下九"或者"上五下七"。

土族语把妇女戴的项圈叫做"索尔",以前的"索尔"是用芨芨草编成圆环,上面蒙上红布,镶以铜钱大小的圆海螺片而成的,后来的土族项圈一般是由硬质的布片和金属片制成。在土族最为集中的聚居地互助土族自治县西山和西沟地区的土族女装中,项圈是必备的装饰之一。有关项圈的来历，还有这样一个动人的传说故事。

相传在远古时代，龙王山下的索卜滩上生活着一对兄弟，哥哥叫莫日，弟弟叫尼达，他们同时爱上了美丽的姑娘腊月花。后来，生性贪婪的莫日喝下了东海孽龙吐出的毒涎水，变成了一条巨蟒，而尼达则变成了一个石人。为了惩治巨蟒，救出尼达，腊月花不仅和姐妹们发明了安昭舞，而且还将一条铁链挂在了巨蟒的脖子上，这条铁链就是土族项圈的雏形。

尽管项圈有着如此美丽的一个故事，但是学者们还是推测在项圈上镶嵌

互助土族刺绣

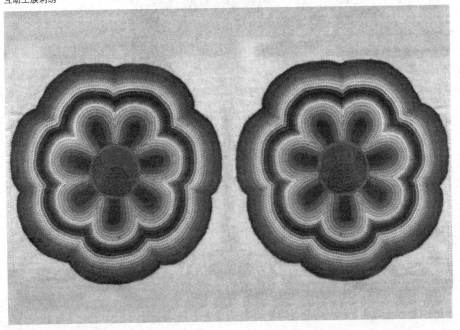

贝壳作为装饰，是吐谷浑的遗风。因为吐谷浑的先民是来自辽东地区的鲜卑族，他们有使用贝壳的习惯和条件。不管如何，土族人民对项圈都要赋予如此美丽的一个故事，可见他们对美的诠释之独特。

七彩花袖衫：

土族的古歌谣里有一句这样唱道："阿依姐的衣衫放宝光，天地妙用都收藏。红白蓝黑紫绿黄，万物全靠它滋长。"歌里唱的就是土族妇女最引以为荣的衣服——七彩花袖衫。彩虹袖俗称花袖，土族语中称为"秀苏"，是一种用红、黄、蓝、白、黑、紫、绿七种颜色的布料缝制的套袖。

关于七彩花袖衫的来历，在民间流传着不少说法。有人说彩虹袖是土族先祖可汗布勒为了给妻子缝制衣服，采下了天上的彩虹缝制而成。有人说，很久以前，有一只受伤的七彩鸟降临人间，好心的土族阿姑帮它治好了伤。为了报答土族阿姑的救命之恩，临行前，七彩鸟拽下身上的羽毛，并根据羽毛上的颜色，教会了土族阿姑制作彩虹袖。还有另外一个传说，听起来非常美妙。传说很早以前，龙王山下有一个美丽的姑

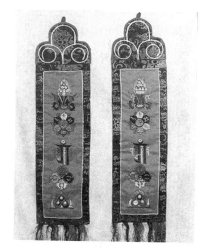

土族手工刺绣品

带有精美刺绣图案的土族腰带

娘,她勤劳能干、心灵手巧,做得一手好针线活,还唱得一首好歌。她每天在山上放羊的时候都要放开歌喉高唱,常常连鸟儿都忍不住停止啼叫来倾听她那优美婉转的歌声。有一天,雨过天晴后,天空出现了一道美丽的彩虹,正在山上放羊的姑娘被那彩虹深深地吸引住了,她不禁放声歌唱起来,她在优美的歌声里表达了自己希望穿上彩虹一样美丽的衣裳的愿望。从此,她天天都在山上唱这支歌儿。有一天,佛祖也听到了她的歌声并知道了她的愿望。于是晚上的时候,佛祖就托梦告诉她说,姑娘你这么向往穿彩虹般的衣裳,明天你用黑绿黄白蓝橙红染在袖子上就可以了,还告诉她,从最底层开始,黑色象征大地,为第一道,绿色象征森林和草原,为第二道,黄色象征丰收的粮食,为第三道,白色象征纯洁的心灵和乳汁,为第四道,蓝色象征广阔的蓝天,为第五道,橙色象征金色的光芒,为第六道,红色象征太阳,是第七道。第二天,姑娘醒来后马上就按照佛祖的话做了,于是光彩夺目的七彩花袖衫就问世了,别的姑娘看到这美丽的衣裳也纷纷效仿,后来土族姑娘就都穿上了七彩花袖衫。

土族妇女擅长盘线、平线刺绣

土族是一个热爱生活，热爱自然的民族。彩虹袖上的每一种颜色都寄托了这个古老而神秘的民族对自然的崇拜和感恩。七彩花袖衫，正是土族崇拜彩虹的心理的表现，他们认为彩虹是天上的瑞兆和旨意，是吉祥之物。从它的颜色的象征来看，还流露出了浓郁的游牧民族草原文化的气息，表达了土族人民对生活的理解。也正因为如此，人们习惯称土族人为"穿彩虹衣的人"，土族之乡也因此被冠以一个富于诗意的名称——"彩虹的故乡"。

头饰扭达：

扭达，是对元明清时土族妇女的传

统头饰的称呼,青海的汉族称其为"土人的固姑冠"。"扭达"曾是土族妇女最喜欢的头饰,1938年,青海军阀马步芳突然下令禁止土族妇女佩戴"扭达","扭达"才从人们的视野中消失。"扭达"通常由布料制作,并装饰由银、铜等材质制作的长针和各种颜色的彩穗,以及云母片。因为装饰复杂,一顶"扭达"重达四五斤。佩

土族妇女为佛殿经堂绣制佛像、经幡、柱毯、壁毯等

戴"扭达"时,妇女们通常要把头发梳到两侧,发梢上折,呈扇形绾于两鬓,然后再把"扭达"固定在头顶。

扭达种类很多,比较典型的有七八种,如土族最古老、最尊贵的头饰"吐浑扭达",也叫"干粮头"。它的形状像一个

圆饼,实际上是一个一直径约二十三四厘米的圆形布坯,用彩色布条镶出三角形图案,圆盘边缘饰彩线细穗两层,正前饰两大束长十四五厘米长的彩穗。其背面上沿处密插数十甚至上百枚钢针,闪闪发光,就像阳光下的鸟羽一样。佩戴的时候,戴上银制的大耳环作配合,整个头饰艳丽而华贵。另外一种形似簸箕的"适格扭达"(也称叫簸箕头),它的上面贴着红、绿、蓝、黄、白五种颜色,非常漂亮。还有"捺仁扭达",也叫三叉头,头顶插三支箭,就像三根长鸟毛一样。还有一种叫做"加斯扭达"的头饰,也叫铧尖头,它形状就像铧尖,其周围垂挂

红穗，垂至额头，就好像是华丽的凤凰鸟首。还有"雪古郎扭达"、"托欢扭打"等等，多不胜数。

据说，土族的扭达头饰，与土族的鸟图腾崇拜和太阳神崇拜有关。但更多的人认为，古代土族妇女能征善战，勇敢顽强。后来土族逐渐定居放牧，最后过渡到以农业为主兼营畜牧业，妇女们便将战袍、头盔，甚至兵器装在头饰上，制成了"扭打"。后来因"扭打"太重，戴上后不能左顾右盼，只能连身子一起转动，十分不方便，所以"扭打"也渐渐发生了由繁到简的演变，最后被皮帽所代替。

刺绣：

土族的刺绣堪称一绝，被誉为祖国民族艺术的一朵奇葩。土族女子自古就爱美，而且她们心灵手巧，总是能通过自己灵巧的双手做出美丽的刺绣来点缀自己的服饰。过去，土族女孩一到七八岁，便跟着自己的母亲、嫂嫂或姐姐学习刺绣技艺，一有空闲，便穿针引线，反复实践，等到长到十七八岁，她们就能飞银针、舞彩线，练就出一手好针线活了。土族女子灵巧的双手能制作出腰带、围肚、鞋袜、钱褡等品种繁多的刺绣

绚丽多彩的土族刺绣品

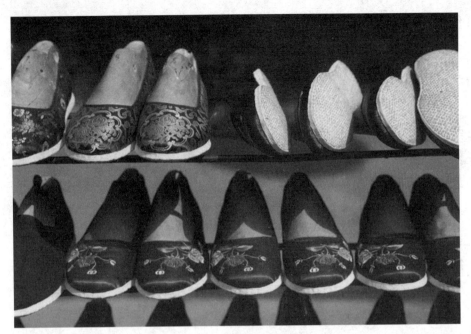

土族手工制作的绣花鞋

来配合衣服穿。例如土族人常年穿花袖七彩长衫，这种装束必须要配以腰带束身，而美丽的刺绣给服装增添了别样的风情。大凡节庆集会，土族妇女总是拿出自己的刺绣精品，精心打扮，炫耀自己的刺绣技艺。土族精美的刺绣品除了自家留用外，还要馈赠亲戚朋友，未婚姑娘非常重视和珍爱自己的刺绣品，一般人不可能轻易得到，若哪位小伙子有幸得到一幅美丽的刺绣品，就等于得到了姑娘的一颗芳心。

（三）土族住房：

土族一般依山傍水、聚族而居、自成村落。以前，土族的村落一般是由父系家族成员组成的群体居住形式,即自然村落,称为李家(庄)、杨家(庄)等,每个村庄都是单一姓氏家族群体,论资排辈十分严格,并推选长辈中德高望重者为公认的头领处理村里的事宜。互助土族称村落为"阿寅勒",刚开始时,"阿寅勒"是指户,是由土族先民从集体游牧方式逐渐转变个体游牧而成的,后来由于自身不断地繁衍,"阿寅勒"就失去了原来的户的意义,变成了群体意义的村庄。进入农业社会后,依然沿袭祖先的居住习俗。近代以来杂居村庄不断增多,但仍保留有一些单一姓氏的原"阿寅勒"形态,如李家(庄)、杨家(庄)等。对于村

土族民居依山傍水,聚族而居

土族民居

庄不同地区叫法不同，例如三川土族将村落叫"依么"。 土族血缘关系较近的系属，一般都居住在同一区域。兄弟分家时，旧宅归长子居住，其余的儿子另迁新房，父母一般与最小的儿子一起居住。

土族建筑文化特点突出，别具一格。农村一般以村落聚居，村庄大多在山脚下，依山傍水搭造房屋。各家都有庭院，院内有牲畜圈棚，院外有厕所、菜园和打谷场。房子是平顶的，上面可储放粮草。房子多以三间为一组，中为堂屋，一侧为卧室，中一侧为佛堂。卧室的炕是暖炕，连着锅灶，烧饭的火可以暖炕。住宅的栋梁和门窗上大多雕刻着或描绘象征牛羊健壮、五谷丰登的彩色花纹图案，鲜艳美观。富裕人家修有"内分"院。庄廓内以各个角落为厨房、草房、牲畜圈、厕所等。多为平房，系土木结构，门面刻有各种花纹图案，庭院正中有一圆棣，用来拴牲口，圆棣中间竖着麻尼旗杆。

"锅台连炕"，土族语称"秃光"，是一种与锅台连在一起的土炕，习惯称"锅台连炕"。他们把耳房作为厨房，锅台筑在居中的一间里，紧挨锅台(忌坐西向东)后面的一间房里盘上满间打泥炕，炕与锅台之间砌一堵叫"拦炕"的矮墙或木板墙,灶膛的烟道经过炕下后才能通往烟囱,利用做饭烧水时的余热取暖,一举两得。平时,炕上不铺毡,上炕不脱鞋,一家老小席炕而坐,一起吃饭、休息。若来了客人,则要铺毡并让客人坐上方。在寒冷的冬天,在"秃光"中央生一堆大火,一家老小围着火堆取暖,柴灰作肥料。因此,土族人把锅台连炕的居室作为真正的主房,客人也就很自然地被让到"秃光"上款待,这样亲近而又不生分,宾至如归。

土族地区一些古建筑,如佑宁寺、互助县城钟鼓楼、五峰寺等,都凝聚着

佑宁寺是土族古建筑的代表

风情浓厚的日常生活

青海省互助土族自治县的鼓楼

土、藏、汉族建筑艺术的精华,充分显示了土族人民的建筑和雕刻艺术水平。尤其是佑宁寺,它是一座由许多殿宇、经堂、僧舍组成的完整建筑群。它吸收了藏、汉建筑艺术的特点和"河州砖雕"艺术成就,依山而建,高迎低仰,鳞次栉比,绵延数里,非常雄伟壮观。

四 独特周全的人生礼仪

土族民居院门

（一）待客礼节

"客来了，福来了"是土族人民常说的一句话，简单的一句话道出了土族热情好客的风尚。在招待客人方面，土族人民总是舍得给客人最好的饭菜茶酒。说到酒，互助人好饮酒、善饮酒，这是众所周知的，民间有"互助人能喝，西宁人能侃""互助的麻雀也能喝二两"的说法。土族人民喜欢饮酒，还习惯以酒会友，敬酒就是他们表达热情友善的常见方式，所以土族有"迎送客三杯酒"之说。客人到来前，主人就已经拿着酒壶、酒杯在大门口等待了，等到客人下马或下车了，主人先敬"下马三杯酒"；客人进门时又敬"进

土族有着悠久丰富的酒文化

门三杯酒"；待客人上炕坐下时再敬"吉
祥如意三杯酒"；客人离去时还要喝"出
门三杯酒"和"上马三杯酒"。这就是土
族人迎送客人三杯酒风尚，这风尚见证
了土族人的热情与好酒量的同时，也考
验了来客的酒量。但是对于不能喝酒的
客人，土族人并不勉强，客人只需要用
中指蘸三滴酒，对空弹三下，以示敬天
地与祖先便可。至于为什么土族每次敬
酒总是敬三杯呢，原来"三"字在土族人
民的眼里是一个有着特殊含义数字，有
代表佛、法、僧三宝，日、月、星三光，天、
地、人三才等等说法，不管是哪一种说
法，"三"字都代表吉祥。敬酒敬三杯，就

是祝福客人吉祥。

土族人民不仅对客人礼节上热情周全，对朋友也是忠实守信，对长辈敬重万分，尤其注重尊敬长者，如路遇相识的老人，要下马问候。这些都是他们的优良传统。

（二）育儿习俗

土族家庭对生儿育女这件事非常重视。生孩子要举行隆重的仪式。在土族的习俗里，满月还有讲究，男孩子必须提前一天满月，女孩子则必须满一个月。满月那天，要把孩子的外公，本家长辈，还有亲朋好友邀请到家里来，给孩子穿新衣服，还要设宴招待客人，表示感谢。到

传统土族建筑采取一进三开的格局

了黄昏时分，父亲抱着婴儿到大门口，迎接放牧归来的羊群，表示吉祥如意。畜牧业时代的土族先民，对羊有一种不能言明的深爱之情，这种习俗，一直保留了下来，婴儿满月时迎接羊群归来的习俗就是其中一个体现。周岁，婴儿要剃头，一般还要身穿枣红大襟长夹衫。

（三）婚嫁习俗

中华人民共和国建国前，土族地区盛行封建包办婚姻。土族青年男女受"父母之命，媒妁之言"的约束，婚姻不自由。并且聘礼较多，穷人要娶妻十分困难。有的女方不收聘礼，但要男子为女家做工几年以后才能结婚或者招女

土族民居内景

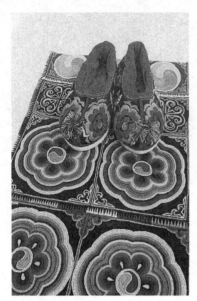

土族盘绣和新娘鞋

婚入赘，或者两家互相换嫁，称为"换门亲"。过去土族还有抢婚的习俗。传说民和地区在发生日食或月食的时候，已经订了亲的小伙子（一般是因贫困不能娶妻者），可以跑到姑娘家抢婚，直到解放前夕这种习俗尚有残留。

土族历来禁止同曾祖的兄弟姐妹之间结婚，即使相隔几代也禁止。还有，原则上，土族一般只是同族之间通婚，但现在，土族和藏族、蒙古、汉等民族也通婚了。土族婚礼仪式主要有请媒、定亲、送礼、聚亲、送亲、结婚仪式、谢宴等程序。如果男方家的父母看中了别人家的姑娘后(或男女青年自由恋爱后)，就请两个媒人带上哈达、两瓶酒及馍馍等礼品到女方家提亲，女方父母若同意这门亲事，就收下礼物（卓尼土族在酒瓶内装入青稞或小麦，瓶口拴一撮白羊毛，让媒人带给男方），并热情招待媒人。如果不同意，就让媒人将礼物带回。征得女方家的同意后，男方家再请媒人带上哈达、酒等礼品去定亲。订婚后，男方还要请媒人去女方家商定结婚吉日。

土族的婚礼非常有民族特色，可以说是一出精彩的"悲"喜剧。"悲"是指土族有哭嫁的习俗，"喜"是指土族的婚礼仪式始终都在载歌载舞中进行。

　　土族哭嫁的习俗由来已久。土族待嫁女子,通常在婚前一个月开始,就不出门不见生客,只在家里做些针线活儿,还有一个重要的任务就是在本村"善哭"的亲戚的陪同下"练哭"。据说哭嫁的习俗是姑娘反抗父母包办婚姻制度的表现。因为长期以来,土族人认为男女婚配乃是长生天的安排,婚姻不是个人而是全家人的事,父母顺从天意决定姑娘的婚姻。于是出嫁的时候姑娘就通过哭来表达内心的反抗。随着时代发展,哭嫁的习俗保留了下来,但是哭嫁

传统民居内饰

的内容却发生变化，现在一般都是对自己无法报答父母以及身边的亲戚养育教导之恩表示愧疚，还有表达宁愿在家受苦也不甘嫁到婆家的心愿。等到亲戚们来帮助操办婚事时，她还要给他们哭嫁，感谢他们平时的照顾和帮助等，婚礼前一天，新娘更是通宵达旦地哭，这个时候新娘子哭嫁哭得最厉害，直到准备离开娘家了才停止。

与新娘家哭嫁相反，男方家这边的婚礼仪式却始终都在载歌载舞中进行，一派喜庆景象。在娶亲的头一天晚上，男方家派两名能歌善舞的"纳信"(娶亲人)，带上娶亲的礼物(酒肉、蒸馍等)和

土族婚嫁

给新娘穿戴的黑手饰、红包头、红头绳、
上马袍等，同时还拉一只白母羊到女方
家去娶亲，象征纯洁、财富。当"纳信"快
到女方家时，阿姑们兴高采烈地跑上去
接受礼物，然后边唱边舞边后退，跑进
家里关闭大门把娶亲的人挡在门口戏

宽敞整洁的土族民居

谑一番，娶亲人好不容易进入堂屋喝茶后，阿姑们就会窗外唱"骂娶亲人"和"骂婆家"。"骂"来娶亲的媒人时，"骂"他们是"一条狗，那头吃了这头走，做媒是为了得猪头，花言巧语骗人走"。娶亲人不能生气，也不能往心里去，阿姑们会一直唱到娶亲人将腰包里的零钱和针掏完分给阿姑们。阿姑们唱完后，娶亲人也要唱歌跳舞，直到鸡叫头遍才结束。骂媒后还得谢媒，就是招待他们。鸡叫二遍时，开始给新娘换发式，穿戴新婚礼服，接着在堂屋举行上马仪式。新娘由兄弟抬着上马，上马时新娘的脚不能着地，因为土族人认为"土地是宝中之宝"，脚着地了就

窗上的"喜"字透出喜庆欢乐的气氛

会把宝带走。上马后，新娘由亲人护送到新娘家。路途还会有新娘同村的红姑（已婚女子）手捧酒杯等候在路旁，向护亲队伍敬酒，新娘家人要回敬她们一尺红布。走到距男方家二三里路时，男方派两个人前往敬酒、献哈达。

门前摆有接客桌，上面放着酥油花的"西买日"和插有柏树枝的一碗牛奶，桌旁还有一个木制的方斗，斗内装酒麸皮，上插一枝系有哈达的箭，放一个用红布裹着的瓷瓶。新娘娘家人为表吉祥，用柏树枝蘸着牛奶向西方洒，并围绕方斗边撒麸皮，边跳舞边唱歌。新娘进大门时，有两个妇女在前面拉着红白

美丽勤劳的土族姑娘

毛毡,新娘踩着毛毡,新郎和新娘手扶红布裹着的瓷瓶,并肩漫步进入庭院,接着举行拜天地仪式,答谢媒人。人们围着媒人,一边唱歌、一边给媒人敬酒,向其嘴里喂炒面,往其脸上贴酥油。在院子中间,铺上草搭上木板,招待护亲队伍。在宴席间要给护亲队伍上五个肉方,男方和女方家互相赠送哈达、衣物等。之后,让护亲队伍吃长面条("起发面"),护亲队伍们刚端上饭碗,男方家的小伙子们手捧酒碗,在大门口唱起"赫杰"(发禧歌),向娘家人敬酒欢送,至此婚礼结束。

整个婚礼程序中,无论是娶亲、送亲还是结婚、谢宴自始至终都离不开优美的歌声,使参加婚礼的人无不受到这种极富艺术美感的婚礼氛围的感染.优美的婚礼歌不仅增添了喜庆热闹的气氛,更使人沉浸在歌舞的审美愉悦中,受到了一次美感的洗礼。

由于土族人认为婚姻是上天的安排,所以他们认为离婚违背天意、是不道德的,是触犯天条的犯罪行为。新中国成立后,封建的包办婚姻被批判和否定,国家大力提倡男女婚姻自由,土族人的婚姻增加了更多让人喜笑颜开的新婚俗。

(四) 葬俗

土族的葬俗比较独特,有火葬、土

土族婚礼

土族的葬俗非常独特

葬、天葬和水葬四种方式。青海互助、乐都、同仁和甘肃天祝地区的土族多数实行火葬，少数实行土葬，青海民和、大通等地的土族一般实行土葬。土族把火葬视为一种神圣的丧葬方式。隆重的火葬限于正常病故的老年人，而且必须有子嗣。非正常死亡的和青少年早逝者，则采取火葬中最简便的方式进行；天葬对象是夭折的婴儿和少儿。水葬主要在青海民和三川地区的黄河沿岸土族中实行，水葬的对象是用于未成年人或无子嗣的成年人。

土族不论是火葬，还是土葬，都要举行隆重的葬礼仪式。人一去世，本家各户

土族天葬并没有严格的仪式

独特周全的人生礼仪

互助土族故园

院子中央矗立着轮子秋

喇嘛

家长马上去商议治丧事宜,并组成治丧班子。因为土族人认为,一个家里出了丧事,就是全族人的事,甚至是整个村庄的事。所以一旦一家出了丧事,族内的人都很有责任感地组成治丧班子前去打理丧事内所有的事情。孝子不需过问,他的任务就是守灵。治丧当天,要白骨之主(舅舅)报丧,要派人去向喇嘛或本钵子占卜葬期, 接着请喇嘛诵经超度,有的还要做经事,并由喇嘛主持,每晚请本家老少集体念"嘛呢经"。第三天下午,遗体入殓。举行葬礼的前一天,是集中祭奠的日子,本家各户、亲戚、朋友、左邻右舍都来吊唁,舅舅来"认骨"。

黄河沿岸的土族实行水葬

土族民居

吊唁时，吊唁分阿寅勒众人的吊唁、亲朋吊唁、姑娘女婿吊唁、舅父吊唁。最后，就是制火化坛，待客，出殡等。出殡以后，作为孝子，每天傍晚还要到坟头去煨炕，意思是为亡人暖炕，这样要煨49天。子孙守孝期为一年。百天之内孝子不娱乐，不饮酒，不赴宴，不刮脸、不穿新衣，不贴春联，不走亲访友。

五　全民尊奉的信仰禁忌

寺庙内的经筒

（一）信仰

土族主要信奉藏传佛教中的格鲁派，还信奉萨满教、苯教、道教、儒教、地方神等。各种宗教在其历史发展的长河中，互相影响，互相吸收。

1.佛教

土族先民吐谷浑迁徙到青藏高原以后，到南北朝时期，其周边的南北朝各政权、柔然、于阗等皆信奉佛教。吐谷浑在与南朝刘宋、萧梁通贡使、通商贾以及频繁的交往中，自西域与中原同时传入了佛教。开始时佛教只在统治阶级中传播，后在平民中流行开来。唐代以后，随着吐蕃王国势力的兴盛，西藏地区佛教东进，并在吐谷浑地区普遍流行起来。元末明初,藏传佛教传入土族地区并得到迅速发展,特别是藏传佛教格鲁派的发展尤为迅速,土族与蒙古族一样,也信奉藏传佛教,藏传佛教是其主要宗教,土族地区出现了许多著名的格鲁派寺院,名僧辈出。

明清以来,在土族地区兴建了许多佛教寺院,有一些寺院较著名,如在互助地区,1958年以前,全县共有佛教寺院15座。尕扎寺与甘冲寺为宁玛派寺院,其余的均为格鲁派寺院。还有数十座佛堂,称为"拉康"。著名寺院有佑宁寺、白马寺和却藏寺。历史上在今大通

藏传佛教寺庙松赞林寺

佑宁寺一角

县境内修建过18座佛教寺院或静房、佛堂，至1958年尚存8座，以广惠寺最为著名。寺院是土族的文化中心，对佛教文化的发展和传播作出了重要贡献。

2. 萨满教

萨满教是一种原始宗教，相信万物有灵，灵魂不灭和多神崇拜。因通古斯各族称巫师为"萨满"而得名。土族的先民吐谷浑在辽东时，信奉萨满教。后来由于历史的变迁，佛、儒、道教的影响，特别是藏传佛教格鲁派的强力渗透，土族的萨满教发生了很大的变化，在旧时和今日的土族中依旧保留了一些萨满教的遗俗。土族民间的"斯古日典"就是由萨满发展而来。斯古日典没有寺院庙宇，没有宗教活动的固定场所，在平日里，斯古日典只是一个进行宗教活动的个体。当人们请他进行某种宗教活动时，

萨满教面具

藏传佛教寺庙

他才出现。其他主要的宗教活动有：祭腾格热、祭敖包、白虎祭、选神羊等。

3.苯教

苯教，俗称"黑教"，西藏古代盛行的一种原始宗教。崇信天地、山林、水泽的神鬼精灵和自然物。重祭祀，崇尚咒术、卜算等。约于8世纪初期苯教兴盛时，就已传入土族先民吐谷浑中并逐渐受到土族人民的信奉。到14世纪以后，随着藏传佛教格鲁派在土族地区的传播与发展，苯教遂衰微下去，未能在土族地区建立专门的苯教寺院。如今仅在互助、大通等地的一些土族村庄中，有少量的苯教神职人员胡古安爹。

4.道教

道教是中国本土宗教。土族人民在与汉族人民长期密切的交往中,逐渐接受了道教信仰。约在元明时期,道教就已传入土族中。道教在土族社会历史发展中,具有新的特点,即道中有佛,道佛合璧,甚至某些萨满教的内容也搀杂在道教之中。道教对土族人民有着广泛而深刻的影响。旧时在土族聚居的民和、互助地区,供奉着不少道教的神,特别是在民和地区,每个村庄都有一座小庙,小庙中供奉着一两个或三四个道教的神。道教的宗教职业者阴阳师,在土族中也有相当的威信。道教的宗教活动,也得到不同程度的开展。土族所尊奉的道教诸神有二郎神、灶神、财神和门神等。道教的宗教性活动,主要是通过阴阳师进行的,平时他们给人合婚、算卦、看日子。人死时,要请阴阳师开殃榜(亦称阴状),念经。盖房子、选坟茔时,请阴阳师看风水。结婚时,给女方家推算新娘面向的方向,以及应躲避的人等。此外,还有一些常见的宗教活动:搜牌子、立雷台、祭神农等,土族信奉的道教神及宗教活动,反映了道教文化在土族中的深刻影响与变异。

武当山五龙宫道教塑像

岩石上的萨满教图腾

5.地方民间信仰

　　地方民间信仰,是指本地区所特有的民间信仰,带有极鲜明的地方特色。在互助地区,土族所信奉的治病的神,有勒木(也称娘娘)、路易加勒(老爷)、尼答克桑、柴俩布桑(山神)、丹木煎桑(羊头护法佛)。如保佑平安解决疑难的神,寺院中所供的各种神,各村庄小庙中所供的神,一般土族人认为都能保平安,降福祉。但有时遇有疑难也要向勒木、路易加勒或尼答克桑、柴俩布桑、丹木煎桑等神求问,请神解答。在民和地区,土族所信奉的神,有本村村神和家神两种。村神有龙王爷、娘娘、摩羯爷、文昌爷、五郎爷、土主爷等,供在村中小庙里。家神,是每家所供的一位特殊的神,是该家的保护神,有祖师爷、灶君娘娘、白马天将、金丝绵羊、牛头护法、丹煎他母爷、他母爷等。

(二) 禁忌

土族人禁忌众多,主要有,忌吃圆蹄

土族忌讳有人在牲畜圈附近解手

土族民居大门

牲畜(马、骡、驴)肉；忌在畜圈内大小便，认为这会影响牲畜的生长；

土族忌讳给客人在有裂缝的碗里倒茶水，不能问客人"吃饭没有"或"吃不吃饭"等话；忌讳当客人的面吵架或打骂孩子，会被认为是下逐客令。忌客人数他们的羊。

进土族人家，必须先在院外打招呼，待有人应后，才能入院内；年轻妇女的卧室不得随意进入，不能同未婚姑娘开玩笑；

土族的寺庙大殿或家庭佛堂内禁止去过暗房(月房)的人和服丧的人进入。在佛堂、大殿内忌吸烟、吐痰、乱翻乱摸和大声喧哗；忌从僧侣的跪垫和其他物品上跨过；忌对酥油灯打喷嚏和咳嗽；在佛堂里转经轮时，必须从左向右，不可逆转；寺院附近禁止打猎和随地大小便。

土族有忌门的习惯，如生了孩子、发现传染病等时，别人不得进入庭院。忌门的标志是：大门旁边贴一方红纸，插上柏树枝，或在大门旁煨一火堆，有时在大门旁挂上系有红布条的筛子。

土族群众走远路或办婚事、早晨出门碰上空桶、空背斗及不干净的东西时，认为凶多吉少，就返回来改日再走。

六 丰富多彩的传统节日

土族的节庆活动几乎月月都有，其主要传统节日有春节、元宵节、端阳节、中秋节、安昭纳顿节等，土族的传统节日还有正月十四佑宁寺的观经会，农历二月二威远镇擂台会，三月三、四月八庙会，六月的丹麻戏会、"花儿会"和"少年会"等。春节和(安昭)纳顿节是土族最热烈、最隆重的两大节日。

春节

春节，又称为"新年""新月"，是土族一年中最为隆重盛大的节日，节期一般从农历正月初一至十五。土族民间有"快腊月，慢正月，不过三十不歇脚"的说法。说的是，人们从腊月开始就要忙碌起来了，杀猪宰羊，置办年货，蒸花卷、馒头、炸油饼等等，腊月二十四还要接送灶神。除夕前，平时借用别人的物件和钱财都要自觉归还回去，否则，新的一年都会过欠债的日子。除夕傍晚，人们到祖坟上烧纸，晚上吃长寿面，取长寿之意，还吃青稞酒、吃肉等等，互相致以节日的祝福。子夜过后，人们开始迎神，点明灯，放鞭炮。迎神仪式之后，还要到村庙里烧香祈福。然后人人穿上新衣，首先给家中长辈磕头拜年，然后拿上油炸馍给同姓亲戚拜年。有的地方

人们从腊月开始就准备过年了

纳顿节

有在家族内集体过年的习惯，每年由一户或两三户主办，家族里的男女老幼都去参加，由家族长辈祝新年辞，集体向家族神磕头，一起吃饭、喝酒、唱歌，使家族内的联系更加紧密。从初二开始，要给亲戚拜年，儿子媳妇给岳丈拜年，侄子侄媳给姑夫姑母拜年，朋友之间互祝拜年。初三至初八这六天中，给远方亲戚朋友拜年，相互端年茶。正月十五，男女青年到威远镇看"社火"，晚上，在自家门前点燃15堆火，全家老少一一跳过三次，据说这样百病不侵。

观经会

正月十四，互助等地区的土族在佑

宁寺和当地寺院举行祈愿法会,称为观经会,亦称"观经法会",土族语称"蓝迦"。佑宁寺是土族地区最大的藏传佛教格鲁派寺院,被称为"湟北诸寺之母"。该寺每年的正月十四日和六月初八九都要举行两次规模宏大的观经会。届时人们身着法衣到寺院磕长头、点酥油灯、布施、供饭、转经、观看喇嘛跳神舞。此外,会上还进行物资交流和赛马、射箭等体育活动。

晒佛会

晒佛节

正月十五日是晒佛节,佑宁寺喇嘛将香巴大佛像由大经堂前檐前一直挂到台阶地上,虔诚的信徒们纷纷磕头膜拜、烧香上供,喇嘛整天诵经不停。附近的群众也纷纷赶到庙中观拜。晚上,每户在家门口燃放草火若干堆,放进盐粒让其爆响,家中老少从火上跳过,以求避邪除秽保平安。

擂台戏

亦称擂台会,青海互助一带土族的传统节日。每年农历二月初二日在县府所在地威远镇举行,宋代威远镇名为"牧马营"。节日这天,人们盛装打扮,来到会场。特别是许多著名的花儿歌手,远道跋涉而来,想与当地歌手分出高

欢舞的土族姑娘

低。人们各自选伴结伙，分成若干赛场，每组七至十人左右，在广场上摆开阵势对唱。当比赛进入高潮时，各场涌现出许多新的歌手，然后组成新的小组，继续比赛对唱。最吸引人的要数男女对唱，你一句我一句，在互相嬉戏中把花儿的精髓给唱了出来，引得无数的男男女女侧耳倾听，唱到尽兴处，还会引来一阵阵的喝彩声。直到夜幕降临，人们才陆续离去，对歌优胜者被誉为"花儿王"，当众披红挂彩。除唱花儿外，节日的主要活动还有物资交流、唱戏、赛马、摔跤、武术表演等。自这个时候开始，一年中唱花儿的季节就来了，自此互助的山洼洼里就随处能听到花儿，一直要唱到秋收时为止，互助成了花儿的故乡。

二月二

土族人也过二月二。不同的是他们在二月二那天家家都要炒吃蚕豆、豌豆、小麦等，说是吃豆一能弹醒慵懒了

姑娘们在节日里忙活起来

一个冬天的人们，二能除去一年的邪恶，三能弹开了地门，还有的说法是冬休过后，各类粮食该苏醒入土发芽了，呼吁人们快去耕种。不管怎样，吃大豆倒是孩子们的最爱，有空了还要用大豆赌赌输赢，看看自己的运气是好还是坏。还有这天如果听到雷声，要立即把肚皮揉一揉，人们认为这样肚子就不会疼了。现在，互助

土族纳顿节

土族自治县每逢二月二都会举办民间传统文化演出，有七彩花车、朝山会、老年秧歌队等表演。在这一天，群众还走上街头，举办舞龙舞狮社火表演，祈祷新的一年里有好的收成，表达心中的喜悦。

鸡蛋会

鸡蛋会是青海互助、大通等地区土

节日里的青年男女

族的传统庙会，一般在农历三月初三、三月十九或四月初八举行。"鸡蛋会"至今已有400年的历史。传说在明代嘉靖年间，有一年春天，天降雹灾，于是人们在庙会上打鸡蛋以消灾，因而成俗。庙会之日，蜂拥而至的赶会人都携带大量熟鸡蛋到当地寺庙赴会，在会场上互相敲击鸡蛋作乐，被敲破者还要把鸡蛋送给取胜者。敲碎的蛋壳则被留下，层积在会场上，到了散会时，会场上就铺满了白花花的蛋壳，就像是下了一场冰雹一样，人们认为这样就可以免除冰雹之灾了。庙会上，人们还给龙王、九天玄女等神灵献牲。赶会的人还要上香、供灯、敬香钱,以求神灵保佑。

青苗会

青苗会,是青海互助县龙王山一带土族的传统节日。一般在每年农历三月至六月,由巫师择日举行。节日清晨,人们都要先到广福寺点灯焚香,顶礼膜拜,请出龙神轿杆、护法神箭,然后组成仪仗队前行。队伍排成单行,有的击鼓鸣金,有的吹海螺牛角,随行的众人手持柳条,直到大东岭休息,野餐,漫花儿,随后登山踏青,巡视田禾。传说这个节日是由明洪武年间,龙王显灵,庇佑土族牧民的传说发展而来的,因此人们在节日期间就会借用神的名义约束乡民不准在田地里放牧牲畜,不许砍树践踏青苗,以保护农

土族节日的来历都有美妙的传说

田。

土族波波会

"波波会"是土族传统的民俗活动，每逢农历二月二、三月三、四月八等日子，青海互助县的许多土族乡村都要举行"波波会"，时至今日，每年的"波波会"仍香火旺盛。

二月二波波会

"波波"为土族语，意为法师作道场。俗称跳神。青海省互助县土族不仅信仰藏传佛教，而且信仰从汉族地区直接传入的神祇。供奉神祇的寺庙每年都要举行酬神祭祀活动，一些地方没有固定寺庙，也要搭起帐篷进行祭祀，届时要请"波"来作道场。"波波会"的主要仪式有：竖幡、跳神、招魂、放幡、卜卦等。"波波会"的高潮是最后一天，作道场时把所有供品拿到广场上，煨桑、上香、点灯、磕头祷祝。然后由大法师领班，其余法师随其后，手举法鼓，身穿法衣，头戴法冠，齐敲鼓点，高颂祷词，左旋右转，前移后挪，还做各种动作。法师跳神一般约二三小时左右。随后大法师还要做法招魂，把一小瓷瓶勾倒，意为勾来一童男魂酬神。所以每到"波波会"时节，群众都给男孩佩戴一个装有蒜、五色粮、五色布的小红布袋，以免被勾掉魂。

节日里的土族服饰

土族男子服饰

放幡时，众人围观抢"粮蛋子"和杆头馒头，得馒头者生"状元郎"，得"粮蛋子"者可禳灾避祸。人们还撕一点幡纸，作为孩子冲邪时用。

花儿会

花儿会是土族传统节日，节日时间因地而异。"花儿"是山歌型情歌，多是在田间劳动、山中放牧、赶车上路时，即兴顺口编唱的。由于是情歌，有一定的禁忌，不仅家里不能唱，即便在村子里也是禁唱的。平时，即使是过年、过节或有什么喜庆，也是从来不唱"花儿"的。可是在各地传统的群众性歌唱集会——"花儿"会上，你可以尽情地去唱上几天几夜。土族比较有名的花儿会有丹麻花儿会和五峰山花儿会。

丹麻花儿会是青海省互助土族自治县具有一定影响力的群众传统集会，集戏曲表演、花儿演唱、商品贸易为一体，一般在每年的农历六月十三日举行，会期为五天，一年一次，规模宏大，影响深远。关于丹麻场花儿会的来源，有一个美丽的传说：很久以前，这里本是一片森林。后来，一个土司霸占了这里，弄得民不聊生，连续干旱了三年不下雨，几乎旱死了所有的植物。后来，有一男一女两个人来到这里唱歌，他们不断的歌声唱来了雨，但两人也随即变成了两棵树。以后，大家为纪念这一男一女，每年在一定的时间里，就到这地方来唱花儿，慢慢地形成了现在的花儿会。现在，丹麻戏会的影响波及整个互助东部地区，每当节日来临，土族男女老少穿戴节日盛装，三五成群，或全家，或亲戚朋友，或歌伴挚友，像彩色人流从四面八方汇聚到丹麻戏场上唱花儿，用歌声表达对幸福生活的憧憬。土族阿姑和小伙子们则穿戴最好最新的衣服，佩戴上各式华美的饰物，寻找各自的意中人，互诉衷肠。

土族姑娘和土族小伙儿在"花儿会"上寻找意中人

青年男女演唱"花儿"

因为丹麻花儿会上演唱的土族花儿具有独特的民族风格，蕴含着丰富的土族文化内容，具有较高的艺术价值，所以2006年6月9日，丹麻土族花儿会经国务院批准列入第一批国家级非物质文化遗产名录。

五峰山花儿会，流行于青海互助一带，每年农历六月初六日于五峰山举行。五峰山坐落在互助县西垣，因山峰形状与人手五指相似而得名。五峰山风景优美，山清水秀，峰翠峦青，是唱花儿的胜地。每逢节日，山上山下，锣鼓喧天，人来人往，川流不息，或观赏浏览，或赛歌比舞，台上纵情高歌唱花儿，台下集体对歌,此起彼伏,热闹非凡。

纳顿节

"纳顿",在土语中是玩笑,欢乐的意思。纳顿节是民和县土族人民喜庆丰收而每年举行的独有的传统节日。因为纳顿的狂欢起自农历七月,故也称为"七月会"。 纳顿节在每年夏季麦收后举行,一般从农历七月十二日至九月十五日,历时两个月,时间长、规模大、场面隆重,所以有人称之为"世界上最长的狂欢节"。

关于纳顿节的起源,当地流传着许多神奇的传说。相传从前有一位技艺高

土族纳顿节

超的土族木匠，皇帝也慕名召他去建皇宫。三年后，一座富丽堂皇的宫殿建成了，其壮观华丽前所未有。但恶毒的皇帝为了独享其成，竟下令要杀害木匠。木匠连夜逃到家乡，组织早已不堪皇室虐待的乡民们造反起义。皇帝闻讯派大军前来镇压。机智的木匠灵机一动，立即让乡亲们敲锣打鼓，扛着制好的战旗，挥舞着已涂上染料的兵器向村庄的庙宇走去。皇帝的军队大惑不解，村民则告之："我们正在庆祝今年的收成，跳纳顿答谢上天的恩赐呢。"于是大军撤回。此后为了纪念这位机智的木匠，一年一度的纳顿节就传了下来，并日益隆重起来，成为庆

土族纳顿节

祝丰收的盛大节日。

纳顿节自农历七月十二日开始，可由一村单独举行，亦有两村联合举行，直至农历九月十五止，由东向西，最后回到中心地区而结束，最为常见的是两村联合，一村充当"主人"，而另一村为客，两村男性排成长列，扛着各色彩旗，敲锣打鼓，高呼"大好！"在主方村外麦场上会合，是最热烈最令人激动的时刻：几十面大鼓被擂得震天响，伴随着沉稳有力的鼓声，会手们闪腾跳跃，在粗犷的高呼声衬托下，表现出健美的雄姿。队伍一到麦场，就拉开了纳顿节的序幕。会手舞首先开始了，这是由四五十人参加的大型舞蹈。老幼按顺序排列，舞在最前面的是身着长衫，手执扇子的老人，他们往往是纳顿节的组织者和纳顿舞蹈的传人。别看他们年过花甲，胸垂银须，可跳起舞来，却还是那么从容自如，步履强健。手持各色彩旗的年轻人和拿着柳条的孩子们依次跟在后面，他们摆动身子，左腾右挪，绕场而舞。舞蹈的动作虽然不太复杂，但整齐的舞步，协调的跃动，伴随着有节奏的锣鼓声，显得十分优美。在舞蹈的同时，主方不停地用大海碗给会手们敬酒，以

节日里的土族盛装

纳顿节

此助兴,人们在舞蹈中陶醉了,喜庆和欢乐的高潮一浪高过一浪。

各村外的麦场上,彩旗招展,锣鼓喧天,人声鼎沸,呈现出一派丰收后的欢乐景象。

纳顿活动以舞蹈和戏剧表演为主。"会手舞"为开场节目,是由数十至数百人参加的群众性集体舞,参加者按长幼次序排列。伴随着锣鼓的节奏,大家一齐踏动、摆身、左腾右挪、绕场而舞,舞姿优美,气氛热烈,场面恢弘壮观。

会手舞之后表演的是戴着面具的哑舞剧《庄稼其》,以舞蹈形式表现父亲向儿子传授农业生产技术的情形,表演生动、细腻,滑稽逗人。接着往往表演三国故事《三将》和《五将》等,最后为表现土族祖先从事畜牧业生产时期的生产生活、再现土族先民与大自然顽强斗争精神的面具舞——《杀虎将》。

热闹的纳顿节自然也成为访亲拜友,相互交流生产、生活经验,学习和传播新思想、新知识的大好时机。一大早即可见男女老少,打扮一新,乘车骑驴,浩浩荡荡地行进在乡间的路上,对于青年男女而言,纳顿节则提供了一个寻觅知音、浪漫聚会的时刻。

七 别具风情的民族歌舞

土族歌舞

土族有句俗话"饭可一天不吃,歌不可一日不唱"。土族还有一句"土族儿女没有学会说话时便学会了唱歌,没有学会走路时便学会了跳舞"。这两句话虽然有些夸张,但却生动地表明了土族在生活中对歌舞的喜爱。在现实生活中,土族人民常常以歌舞的形式抒发对美好生活的热爱和向往,抒发自己无比喜悦的情感。土族儿女以能歌善舞为荣。

（一）歌曲

土族民间歌舞与土族传统体育一脉相承。土族的音乐主要是民间歌曲。民歌依场合分家曲、野曲和儿歌等。

家曲也称"宴席曲",包括赞歌、问答

歌、婚礼歌等。赞歌是土族人款待贵宾时，宾主之间相互赞颂的歌。如主人赞美客人"德高如蓝天，恩深似大海"，而客人称赞主人时，把普通的餐具说成是金杯玉碗，把普通食物说成是山珍海味，主要是赞颂主人的殷勤款待。赞歌的格式一般以三段为一首，每段长短不等。一般前两段为比喻，后一段才是实际含义。赞歌的演唱一般是两人，一人主唱，一人伴唱。赞歌曲调多种多样，旋律柔和优美，词藻华丽，比喻生动形象。

问答歌，也叫对歌。它是通过一问一答的形式来互相盘问、交流生活知识和经验等。内容广泛，天文、地理、历史、政

土族是一个能歌善舞的民族

别具风情的民族歌舞

土族节日歌舞

土族建筑

婚礼歌的歌词和曲调是特定的

治、宗教信仰、生产生活、风土人情无所不包。其格式一般是三问三答，主旋律与赞歌基本相似，以比较简短的词句回答对方提出的问题。如"合尼"就是一首盘问和传授畜牧业生产和生活知识的问答歌。如羊的产生、羊的生活习性、羊的生理结构，及如何宰羊、如何用羊肉敬客等等。婚礼歌，是婚礼上唱的歌。歌词和曲调是特定的，由什么人唱，在什么场合唱，都是有严格规定的。大体上分为送亲和娶亲两部分。

与"家曲"相对的是"野曲"。"野曲"即"花儿"，也称为"山歌"或"少年"等，也有人称之为"外面唱的歌"。唱"花儿"

"花儿"有着深厚的群众基础

是土族文化生活中主要的活动形式之一。土、汉"花儿"相比，旋律上的差异较大。土族"花儿"的旋律由土族情歌发展演变而来，并吸收了某些藏族情歌的成分。风格独特，旋律高亢嘹亮，节奏自由，结束音拖长而下滑，具有浓郁的土族风味。唱词既生动活泼又风趣朴实。常用比兴手法，比喻贴切。四句式较多，前两句比兴，后两句表达实意。内容除了爱情外，还有反对压迫、反对剥削和歌颂生产劳动的内容。"花儿"有着深厚的群众基础，男女老少几乎人人会唱，人人爱唱。每年定期举行的群体性"花儿"会，已成为土族社会的传统活动。在土族传统的"花儿"会上，土族民歌手常常对唱不绝。演唱者大都能触景生情，即兴编词，出口成章，对答如流。

"花儿"属于情歌，主要内容是谈情说爱，描写青年男女互相爱慕之情。所以被视为爱情的媒介和桥梁。按土族的习惯，"花儿"只能在山上、野外唱，要避开亲属。若父母和同胞兄妹在场就不能唱，违者被视为无礼，要受到谴责。其曲调主要有《好花儿令》《尕连手令》《梁梁儿上浪来》《杨柳姐》等多种，均短小精悍，生动活泼。如："樱桃好吃树难栽，白葡萄要

男女老少几乎人人会唱"花儿"

搭个架哩；我心里有你口难开，'少年'哩要搭个话哩。高不过蓝天深不过海，俊不过花心儿的露水；香不过麝香甜不过蜜，美不过辫辫儿夫妻。"又如"轮子秋像个百合伞，绣下的俊璎珞金光儿闪闪，心上的尕妹秋绳上旋，我当成仙女儿下凡"。

土族儿童歌谣内容丰富、形式多

土族在民居建筑等生活习俗方面受到其他民族的影响

样，语言通俗易懂，易于传唱，曲调抒情优美。内容包罗万象，从大自然的景物描写到日常生活的技能，从岁时农谚知识到教育儿童成长的道理等，还常以寓言的形式进行叙述，内容富有哲理性和教育意义。比如有一首儿歌这么唱道："烟鬼子,烟鬼子;半年吃上一个牛犊子,一年吃上一个骡娃子;十年吃上一个金娃子;二十年吃成个骷髅子。"短短几句话,生活地刻画出了一个吸烟的人变成骷髅的过程,从而教育孩子吸烟有害健康。诸如此类的儿歌还有很多。

(二) 舞蹈

1.安昭

土族语称为"千佼日",意为"弯曲"或"转圈",是歌舞结合的形式,无乐器伴奏,流行于互助土族自治县城关、东沟、哈拉直沟、红崖子沟一带,大都为祝愿吉祥如意,歌颂人畜两旺,五谷丰登的内容。每逢节日婚嫁之时,男女各半围成圆圈,由一男子带领,一唱众和,歌

安昭舞

土族舞蹈大都祝愿吉祥如意，歌颂人畜两旺、五谷丰登的生活

声悠扬，舞步轻盈，舞者两手从右胯旁起向左上方至右上方划圆弧，变为左手屈于脑前，右手高举于后，似雄鹰翱翔于蓝天。结束时，舞者左臂屈于腹前，右臂背于身后，跨右脚交叉于左脚前，低垂手向左旋转一圈，土族人民称"转安昭"。舞蹈时均按顺时针方向围圆行进，这是由于土族每家院中央竖一挂满各色经旗的麻尼杆，按宗教习惯，见麻尼杆必须向左绕行，在院中跳舞亦得向左转圈。

乐曲一般上句为正词，下句为衬词，高亢嘹亮、速度平稳，每句终了有一下滑音，民族风格十分鲜明。 在土族逢年过节、欢庆丰收，或在喜庆的婚礼中，人们

都愿意跳上一段"安昭舞",把气氛和场面推向高潮。正因如此,"安昭舞"才以其独特的艺术魅力流传至今。

2.依姐

这是在新娘出嫁前改发式时和上马前由两个"纳信"(娶亲人)跳的一种歌舞,流行于互助县各地。土族结婚时,男方须邀请两个口齿伶俐,能歌善舞的娶亲人,土语称作"纳信"的,陪伴新郎到新娘家去迎亲。在迎亲的当天夜里,鸡叫头遍,新郎即被请进闺房,亲手将新娘的发辫解开,用梳子梳三下,然后由新娘家里的人将新娘的发式改为新婚妇女的发式。这时闺房门紧闭,两个身

土族歌舞

纳顿节手舞表演

穿白褐衫(毛织粗呢的长衫)的纳信,守在门外,双手各提自己褐衫的大小襟,边歌边左右扇动地舞着,等到新娘改好发式、打扮好穿着,并从门缝里递出新娘的裙子,然后纳信接过裙子,唱着舞着绕过麻尼杆,出了大门,复又将裙子从大门顶上扔进来,方完成仪式。这一种不寻常的嫁娶形式,是由一种民间传说演化而来。据说,每逢土族姑娘出嫁时,有"妖怪"要来抢亲,因此在姑娘改发打扮时,纳信在闺房门口,边唱边扇,表示歌声可以迷住"妖怪",褐衫的扇动可使"妖怪"不敢近前。姑娘打扮以后,将裙子递出,"纳信"拿着出了大门,也就将"妖怪"引出了门。现在土族人民虽不再相信有什么"妖怪"来抢亲,但依姐这种歌舞形式还在民间流传,象征着对新娘幸福生活的祝愿。

3.婚礼舞

婚礼舞,顾名思义是婚礼上所跳的舞蹈,随着婚礼程序和场面的变化,要跳三次。第一次是阿姑们在女方家门前迎接纳信时;排成两行,手挽着手,由领头的两人手里摆动着纳信送的礼物,边唱边向后退,跟随其后的阿姑们亦然,细步慢退,变腰,双臂前后左右摆动;第二次是新娘从改发式到启程,纳信在新娘的房门、堂屋门和大门前边唱边跳,跳时,双手左右掀动褐衫衣襟,原地踏步或左右摇摆,徐徐移步;第三次是在男方家门前,由送亲的人们跳安昭舞,但不转圈,只手舞足蹈,边唱边跳。

4.於菟舞

即虎舞。於菟,借自古代楚人对虎的称谓。"於菟"原属于楚风古舞,后来随历史的变迁从江南楚地或楚人后裔巴人住地流传到了青海省同仁县年都乎地区,在村民祭山神习俗中,由巫觋(男巫师)传承沿袭保留至今。每年农历十一月二十日祭山神时举行,包含念平安经、人神共娱、祛疫逐邪等仪式。於菟又是舞者的称谓。仪式开始时,名为於

土族於菟舞

别具风情的民族歌舞

土族老院

菟的舞者在赤裸的上身绘上虎豹图案沿村进行表演，挨家挨户跳舞。土族於菟舞流传至今已有数百年的历史。

关于这种舞蹈的来历，民间流传着一个传说。据说霍尔王(吐谷浑人，有说是土族人的祖先)的一位爱妃得了重病，一直昏迷不醒，召来医生治疗、法师做法都不见效。霍尔王忽然想到民间扮虎豹跳舞驱逐邪魔的习俗，便决定一试。于是，命手下的几个士卒脱掉衣服，身上画上虎豹斑纹，仿照民间的形式在宫中跳虎舞驱魔捉鬼，不料妃子的病果真好了。从此，霍尔王深信"於菟舞"的神力，下令民间每年要跳一次"於菟舞"，以驱魔逐鬼，保佑国家和百姓，"於菟舞"就这样在民间流传下来了。现在，当地人多认为，每年的农历腊月二十日为"黑日"，这时妖魔鬼怪纷纷出来作乱，所以要举行跳於菟的祭祀活动，跳於菟也就是模仿老虎的动作，以此来驱逐妖魔，保佑太平。

5.嘎尔舞

又称巴郎鼓舞，每年农历正月初八日开始演出，是甘肃土族民间歌舞，象征人寿年丰。跳舞时绕着广场上的火堆载歌载舞，所唱之词多为日、月、星、辰和对当年庄稼丰收的祝愿。

八　富有特色的体育活动

土族轮子秋

土族地区的体育娱乐活动，与生产劳动、传统习惯、宗教信仰、民族历史渊源等紧密相关，内容健康，形式多样。每逢盛大节日，土族人民都要身着盛装聚在一起，进行轮子秋、拔腰、蹬棍、赛马、摔跤和耍武术等体育娱乐活动。

轮子秋

轮子秋，土族语称"卜日热"，字面看就是"车轮子上的秋千"，它在土族人里有一个美丽的名字——"空中芭蕾"。轮子秋是土族人民农闲时候特有的一种体育活动，主要在青海省互助土族自治县一带流行，是土族人的秋千。关于轮子秋的起源，有一则美丽神奇的传说。相传土族先民为了寻求生活的出路，先后用青龙和野牛犁地，都失败了。最后用黄牛耕地，"犁了南滩犁北滩，洒下金子般的青稞种子"。秋天，制作木车，运送收割的庄稼。当最后一车庄稼运上场时，车子翻了，只见两个光身子娃娃在朝天的那个车轮上飞舞，口唱丰收的小曲《杨格喽》。

于是，每年冬季碾完场后，人们在平整宽敞的麦场或者其他可以利用的场地上，把马拉大车的车棚卸下来，将轮和轴整体竖起，然后在抵地的轮上压上石头等重物，固定重心。朝上的一扇车轮上，横绑一架三四米长的梯子或者木杠,梯子或者木杠的两端各绑一个类似秋千的坐套。轮子秋既可以一人独自悠闲地荡动,也可以用于相互比赛。比赛时,两人各坐于套上,然后推动木梯,使之快速转动,围在旁边的人还不时地帮推木梯,使之加速旋转。土族的语言里,把姑娘叫做"阿姑",把小伙子叫做"阿吾"。参赛的阿姑、阿吾要表演各种惊险刺激的动作,比如"天女散花""倒挂金钟""嫦娥奔月""寒鹊探梅""猛虎下山""金鸡独立"等高难动作。比赛常以转动时间长、速度快、动作难度高,且下秋后头不晕、眼不花、能继续载歌载舞者为胜。

轮子秋是一项极具民族特色的娱乐项目

轮子秋是土族人民勇敢、智慧、团结的结晶和象征

当轮子秋转起来的时候，阿姑的花袖衫也跟着飞舞起来，非常的漂亮，周围艳丽服装的男女青年则围成轮子秋圆圈或者载歌载舞、或者呐喊加油，场内场外气氛都非常欢快。"轮子秋"在年轻人特别是未婚男女青年中，还蕴藏着另一番含意，这就是在轮子秋的荡秋人中，或在你来我往的"花儿"对歌中，悄悄留心和寻找自己的意中人，并在僻静处互赠信物，以表自己的爱意和忠贞。

近年来，轮子秋已被列为全国农民运动会和民族运动会上的表演或比赛项目，土族人民这一古老的体育、娱乐活动又焕发了新的活力。轮子秋也得到了不

如今轮子秋成为土族男女老幼喜闻乐见的传统活动

断的改进，现多用钢管为原料焊制而成，还装上滚珠轴承，使用起来也更加安全了。

土族拔腰

土族牧民喜欢较量力气。拔腰就是这样一种民间活动。两个青年人对面而站，将对方的腰从右侧抱住，各自将右腿插入对方的两腿中间，呈半蹲式，挺直腰，抬起头，裁判一发令，双方同时憋气用力，欲将对方抱起。谁先使对方双脚离地即为胜者。

蹬棍

蹬棍是青海土族、甘肃天祝藏族喜爱的一项体育活动。比赛时，两人相对

整洁的农家小院

席地而坐,双腿并拢伸直,两人同握一根长0.5-1米的木棍,脚掌相抵,同时用脚、腰、臂的力量争取将对方拉起,臀部被拉离地面者为负。拉蹬时双膝不能弯曲。

武术

土族民间体育运动,主要源自汉族武术。习武者多在庙会集市上表演,一些地方的社火队,还把拳术、棍术、剑术、火流星等列为传统体育表演项目。

打毛蛋

这是土族妇女、儿童所喜爱的一种游戏。毛蛋系一直径5.6厘米的圆球,用自捻的毛线缠绕而成。打法有拍、盘、转、

穿裆等,以难度和多少定胜负。

丢钱

亦称"丢尕儿""尕卡尔达"。过去土族青少年玩的游戏。

母胡古瓦日

土族语,意为"抓子儿",土族民间儿童游戏,由北方少数民族民间游戏"嘎拉哈"演变而来。一般为两人或三四人玩。

轮子秋

合尼瓦日

土族语,意为"抓羊"。土族民间儿童游戏。玩时,一人扮狼,一人扮牧羊人,其余的人均为羊,狼要吃羊,牧羊人挡住不让狼捉羊,最后以狼捉完羊,或牧羊人保住羊为胜。

解绷绷

一种儿童游戏,多为土族女孩所喜爱,可能来自汉族的民间儿童游戏。一般两人玩,玩时用一根细线绳,两人轮流解绷,绷构出各种几何图形,能者为胜。

罕跃

土族语音译,意为"帝王走""首领走",即"围帝王"。旧时,一种民间棋类游戏。相传古代土族先民在罕(首领)的率领下,把大本营(圈)里的牲畜羊、马等赶出来,向外扩大草场,以便扩张其势力范围,互相争霸。后来,演变成为一种弈棋。

九　不断发展的社会经济

大多铁质农具的使用得益于汉族文化的传入

土族早期从事畜牧业生产，这和土族来自游牧的霍尔人和蒙古人有关。明代时，土族的社会经济，逐渐由畜牧业为主转变为以农业为主。农作物有青稞、燕麦、大麦和豌豆，其中青稞为主要作物。清代乾隆年间，粮食作物除青稞、大麦外，还有小麦、荞麦、蚕豆、扁豆等；油料作物有胡麻、油菜；蔬菜有萝卜、白菜、菠菜、韭菜、胡萝卜及辣芥等。

随着农业生产的需要，水利事业也逐步发展起来。元末明初为农耕初期，主要利用自然水源或冰雪融化的水灌溉农田。以后，开始兴修水利。清乾隆年间，土族地区修了不少水渠。

土族的农业生产技术，不断吸收附

近汉族农民的先进技术,得到了改进和
提高,如灌溉、锄草、施肥以及农作物品
种的增多和改良等。

同时,随着汉族农民的迁入,先进
的农业技术在土族地区得到推广和发
展。使用的铁制农具,都由附近汉族人
民供应。因此,土族的农业生产力水平
与附近汉族大体一致。主要农具有犁、
锄、耙,还有镰刀、铁锨、镐以及木制、石
制等工具,如木轮大车、木铣、木杈、背
斗、碌碡(石滚)、毛口袋、皮绳等。耕畜有
马、骡、驴、黄牛、犏牛,其中驴、马、骡较
多。

在耕作方法上,清初土族人民已懂
得休耕制度。在耕作技术上,在长期生

祁连山脚下的农耕生活

产实践中积累了不少经验,如选用良种,把炕灰撒在生有蚜虫的作物上,以杀死蚜虫等。但旧时农业生产仍较落后,耕地用"二牛抬杠",播种多为撒播,浇水是漫灌,施肥较少,且又多为烧土灰,别的肥类不多。播种后很少锄草,庄稼有了害虫或其他自然灾害,多请喇嘛念经,求神保佑,而无灭虫和消除灾害的措施。

20 世纪 50 年代以后,土族地区的农业生产条件有了很大的改善,农田水利基本建设有了较大发展,农业生产技术和农业机械化程度也有了很大提高,由于生产条件的改善,从而大大地提高了生产力的水平,促进了农业生产的进一步发展。

十　源远流长的土族文学

民居一角

土族人民除了能歌善舞，还有丰富多采的民间文学艺术。土族的民间文学，是以口头相传下来的，其中大都是可以演唱的叙事诗。解放后，在党和政府的关怀下，搜集、整理了部分土族口头文学。这些作品大多具有浓郁民族风格和乡土气息，其最主要的特点是具有浪漫主义的色彩。内容多生动地再现出土族先民们在漫长的岁月里与严酷的自然环境顽强斗争的历史，热情地歌颂了劳动人民的勤劳，智慧以及与恶势力斗争的勇敢精神。根据目前掌握的资料，土族民间文学按其内容和体裁分，可分为叙事诗、神话、传说故事、寓言等。

叙事诗：

以叙事为主的土族诗歌，在土族民间文学中占有极其重要的地位。代表作品有《拉仁布与吉门索》《登登玛秀》《祁家延西》《洛桑王子》等。其中《拉仁布与吉门索》流传最为广泛，影响最大，是土族人民最主要的一首叙事长诗，人们称其堪称土族的《梁山伯与祝英台》。《拉仁布与吉门索》长达三百多行，生动细腻地描绘了一个爱情悲剧故事。热情、美丽的姑娘吉门索，爱上了给她哥哥放羊的长工拉仁布。他俩在共同放牧的劳动生活

土族人世代繁衍生息在青藏高原东北部

中,建立了纯洁的爱情,并在山上结为夫妻。吉门索的哥嫂知道这件事后,对吉门索又打又骂,还把她锁在家中,不准她与拉仁布见面。她的哥哥还穿上她的衣服,暗藏尖刀跑到山上,将放牧归来的拉仁布活活刺死。当村庄上的人按土族习俗火化拉仁布时,烧了三天三夜没烧着。吉门索听到消息,挣扎着爬到火葬现场,将耳环、手镯、衣衫等一件件投入火中,可尸体仍旧烧不着。吉门索忽然醒悟,她悲愤欲绝地唱道:"你不着来我知道,盼我和你一块烧,五尺身子舍给你,一块烧到天荒和地老。"唱罢,愤然纵身跳入火中,熊熊大火立即燃烧起来,尸体瞬间化为灰烬。狠心的哥哥把他俩的骨灰分埋在河的两岸,三年后两岸各长出一棵合欢树,隔河连理连枝。狠心的哥哥又把树砍倒,劈成木柴放进灶里焚烧。火点燃后,只见升腾的烟雾化为一道七彩虹霓,从烟囱里飞出一对美丽的"翔尼娃"(土语,即鸳鸯),扑向黑心肠的哥哥,啄瞎了他的双眼,然后双双比翼飞翔在当年放牧的山林上,唱着追求自由、幸福的歌。这首叙事诗是对旧社会黑暗势力的有力控诉。

神话:

土族神话主要有创世神话,人类繁

衍神话和农业起源神话。在人类繁衍神话中，最著名的要属《黄牛大力士下凡》。传说玉皇大帝造出人类并安置在大地上之后，派黄牛大力士传旨，叫人们"每天吃一顿饭，洗三次脸"。而黄牛大力士误传为"一日吃三顿饭，洗三次脸"，造成人间生活的困苦，犯下大罪，被贬下人间，为人们耕耘造福。《黄牛大力士下凡》实际上反映了土族先民对黄牛耕地这一生活生产实践活动的认识。土族神话从总体上看，内容蕴涵着土族及其先民朴素的哲学思想以及崇高智慧和英雄的价值观和人生观，与远古昆仑神话有着十分密切的关系，是昆仑神话的重要组成部分。近年来，土族艺术之乡——"五屯"的土族艺术家们根据诸多神话故事创作出丰富多彩的绘画和雕塑艺术品，流布在国外许多地方，为世人赞誉。

传说故事：

传说故事有揭露地主对农民残酷压迫剥削的《气杀狗地主》《红水沟》；有反映土族人民的勇敢和智慧，同残害人民的罪恶势力做斗争的《黑马张三歌》《花牛犊》等；也有表现青年男女为了追求自由幸福的生活，奋起反抗封建伦理

祁连雪山

土族民居

土族广泛地吸收了各兄弟民族的文化精髓

道德观念的束缚，蔑视权贵的《孔雀》。

寓言：

土族寓言有《红毛狐狸和黄眼狼》《凤凰和麻雀》。童话有《饥寒歌》。这些寓言和童话以物喻理、含蓄幽默、通俗易懂、富有哲理、影射了当时的社会现实。土族民间文学广泛地吸收了各兄弟民族的创作，如汉族的《蓝桥相会》《秦香莲》等，在土族地区较为流行。